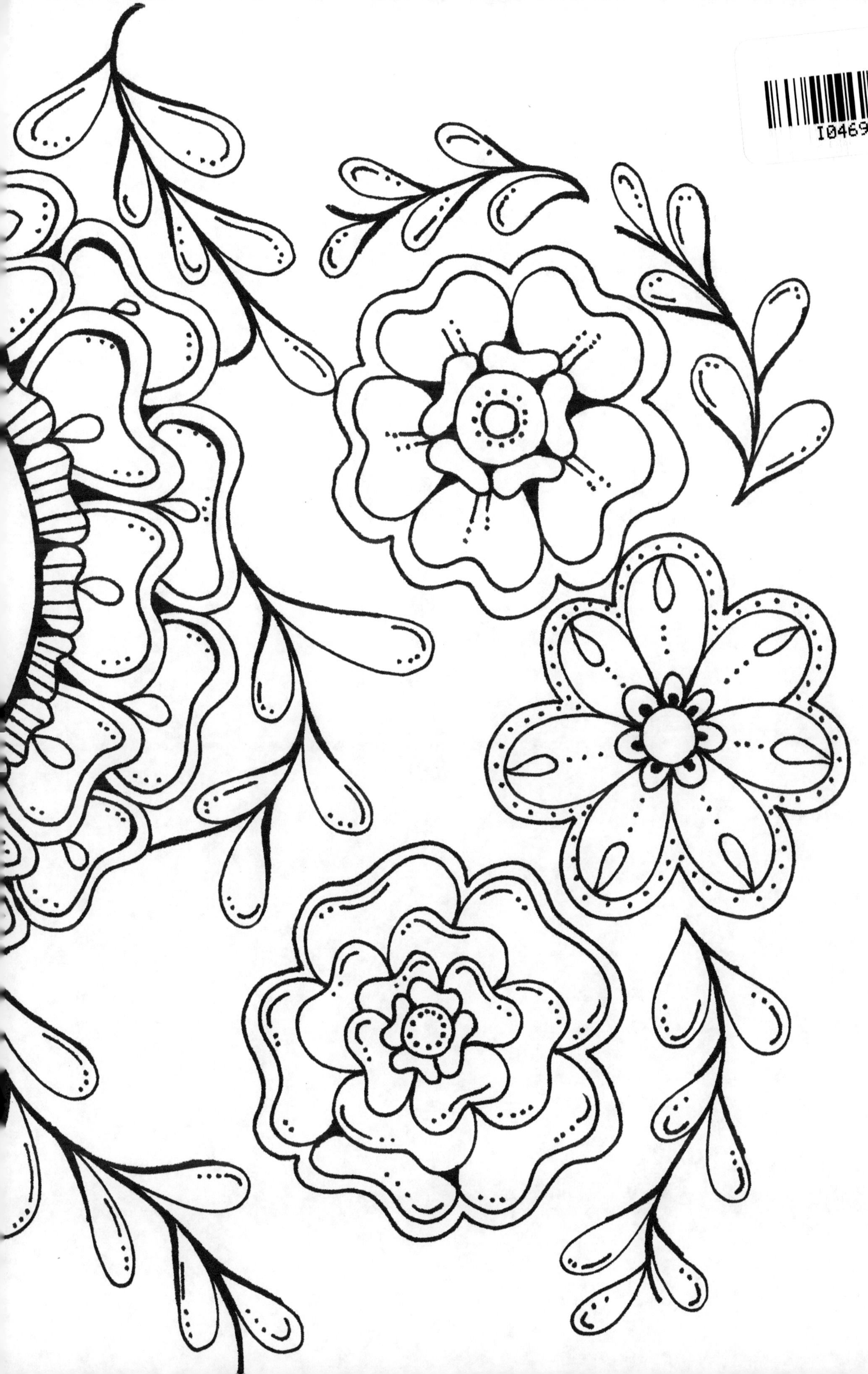

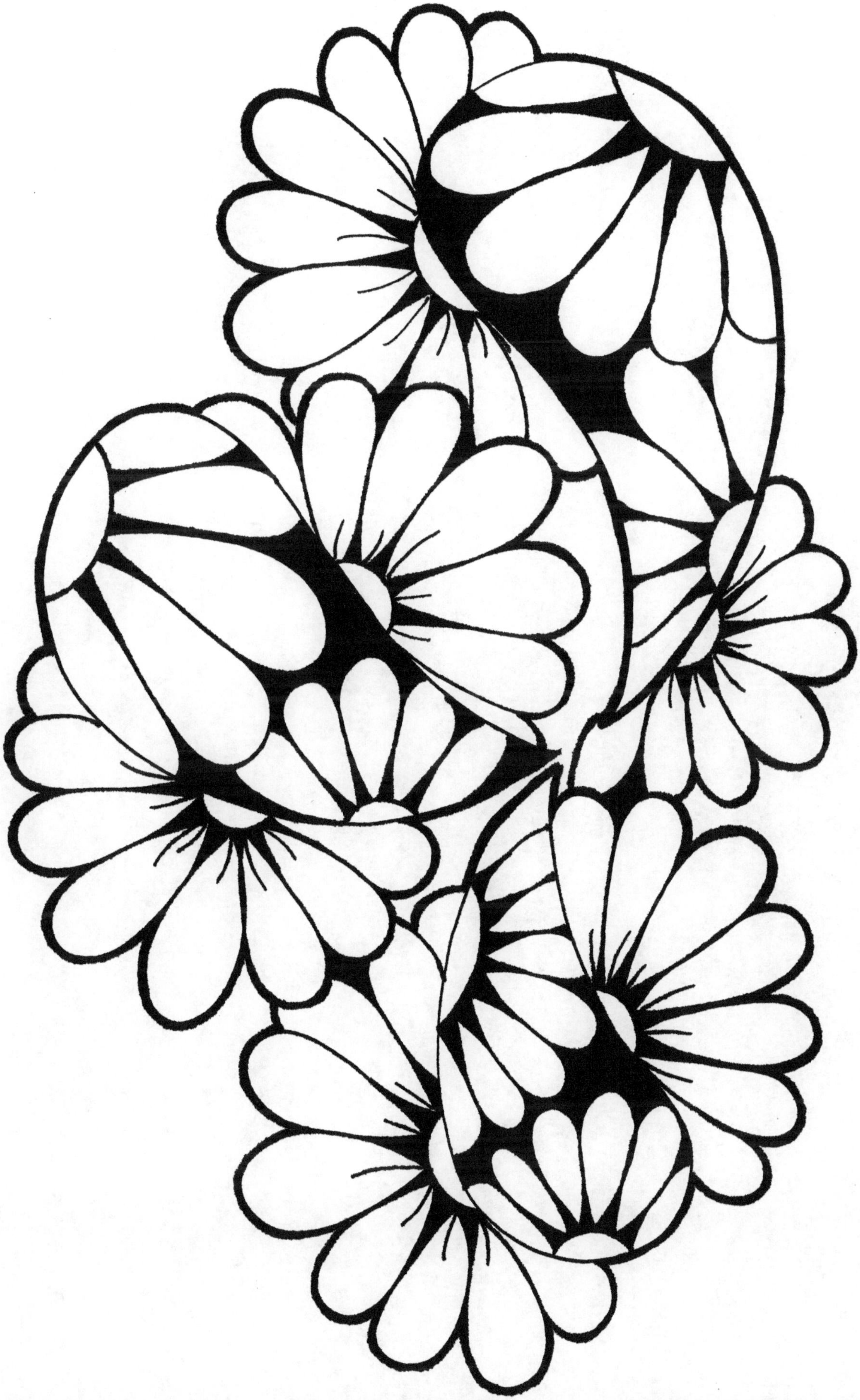

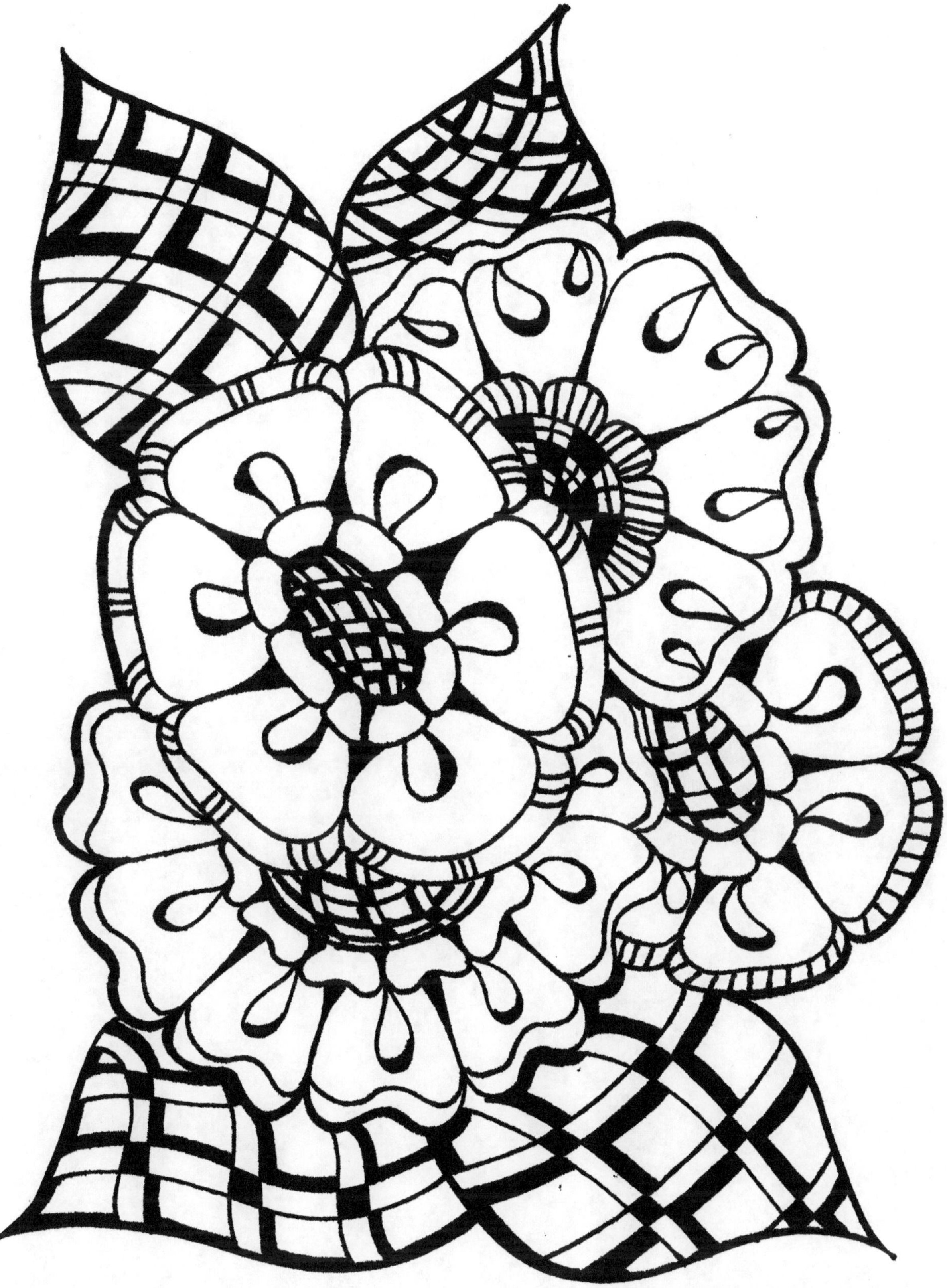

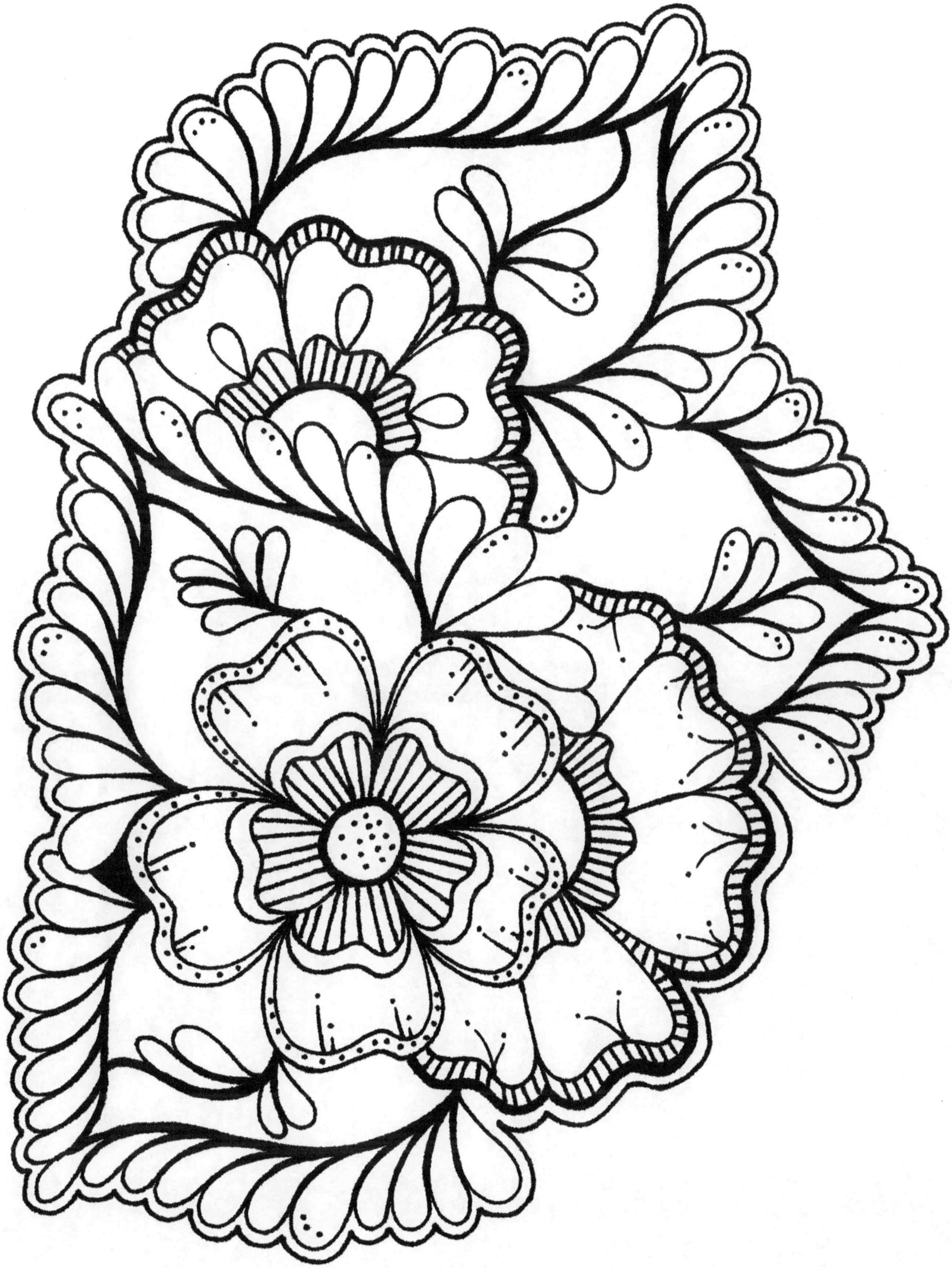

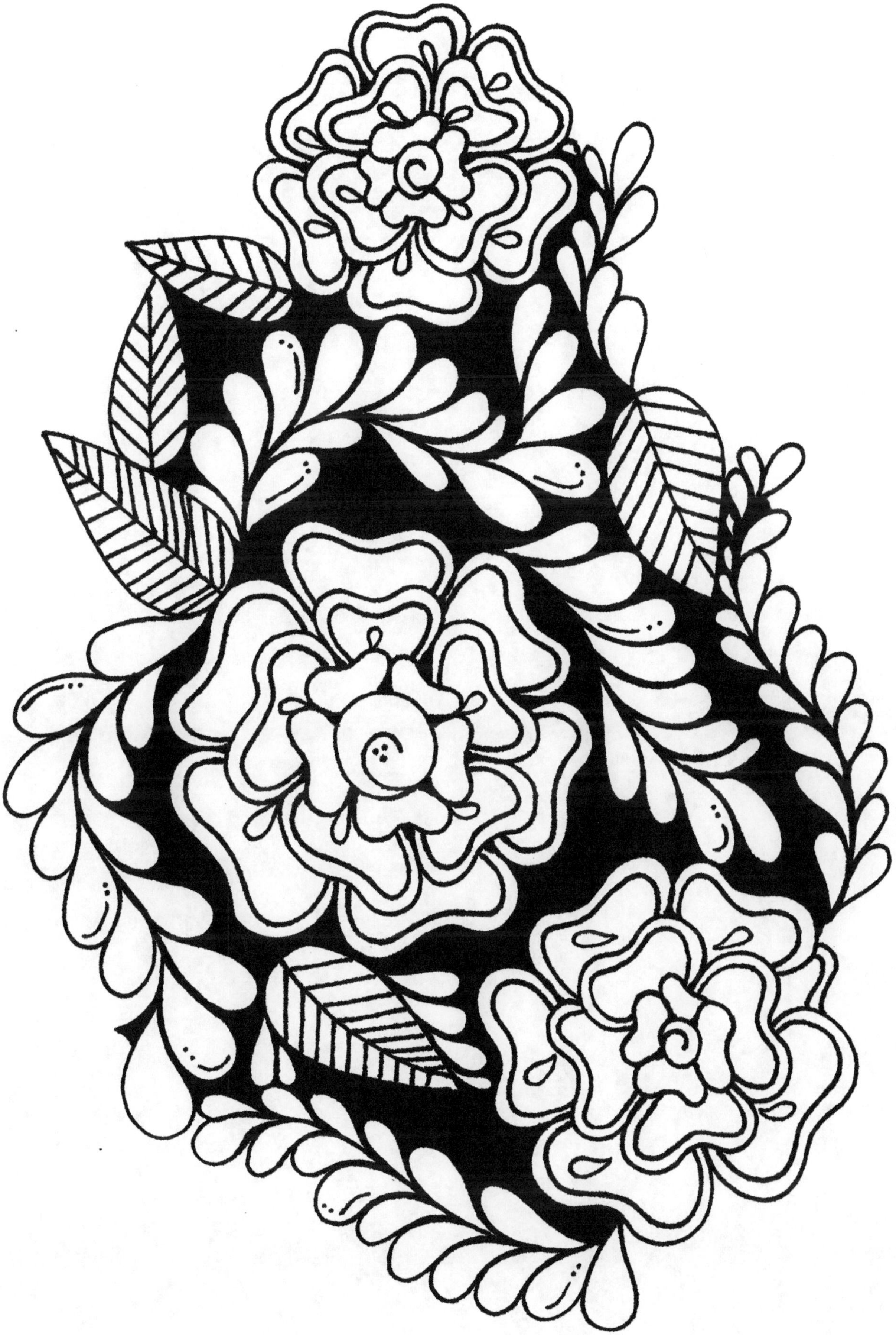

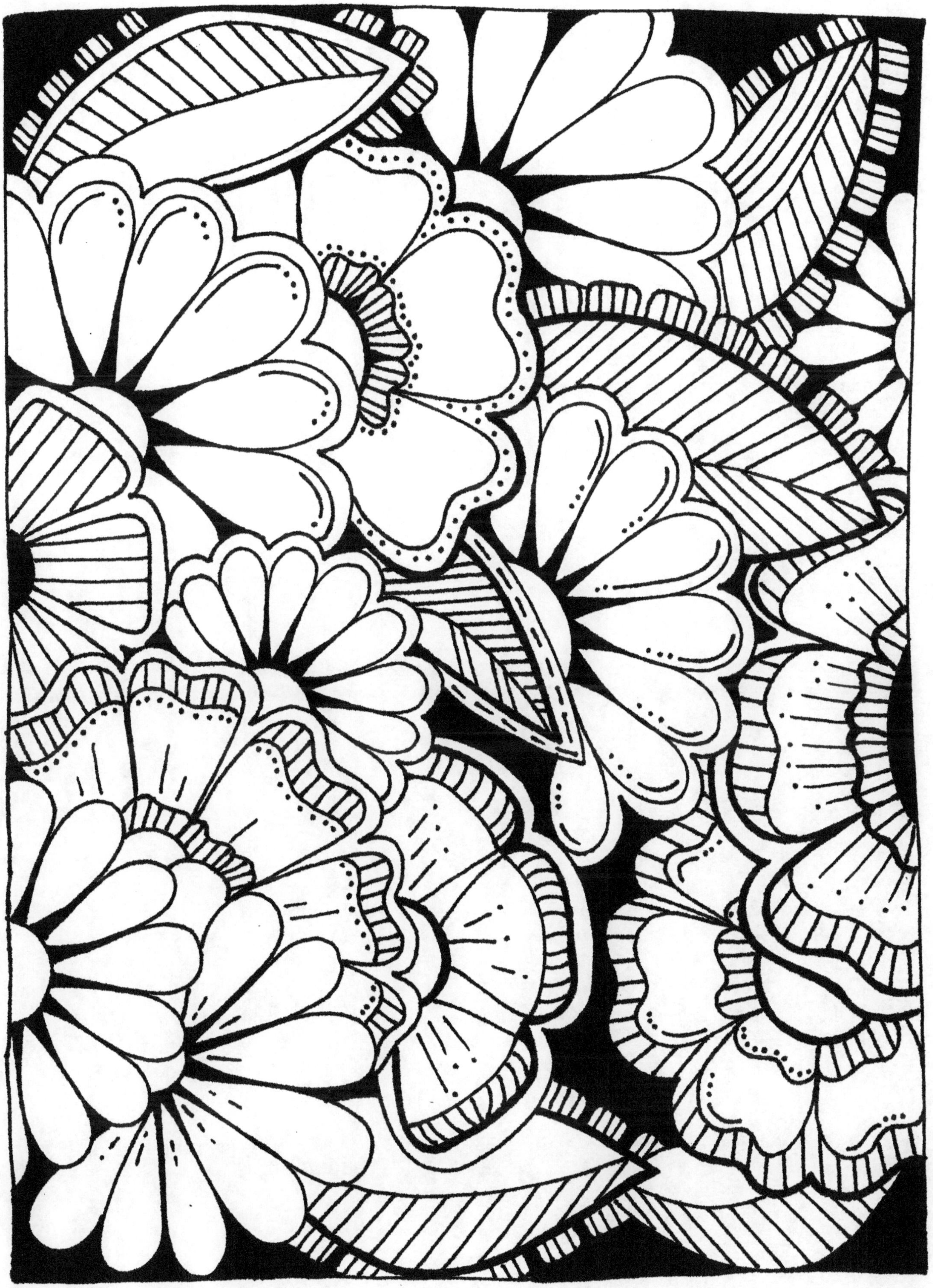

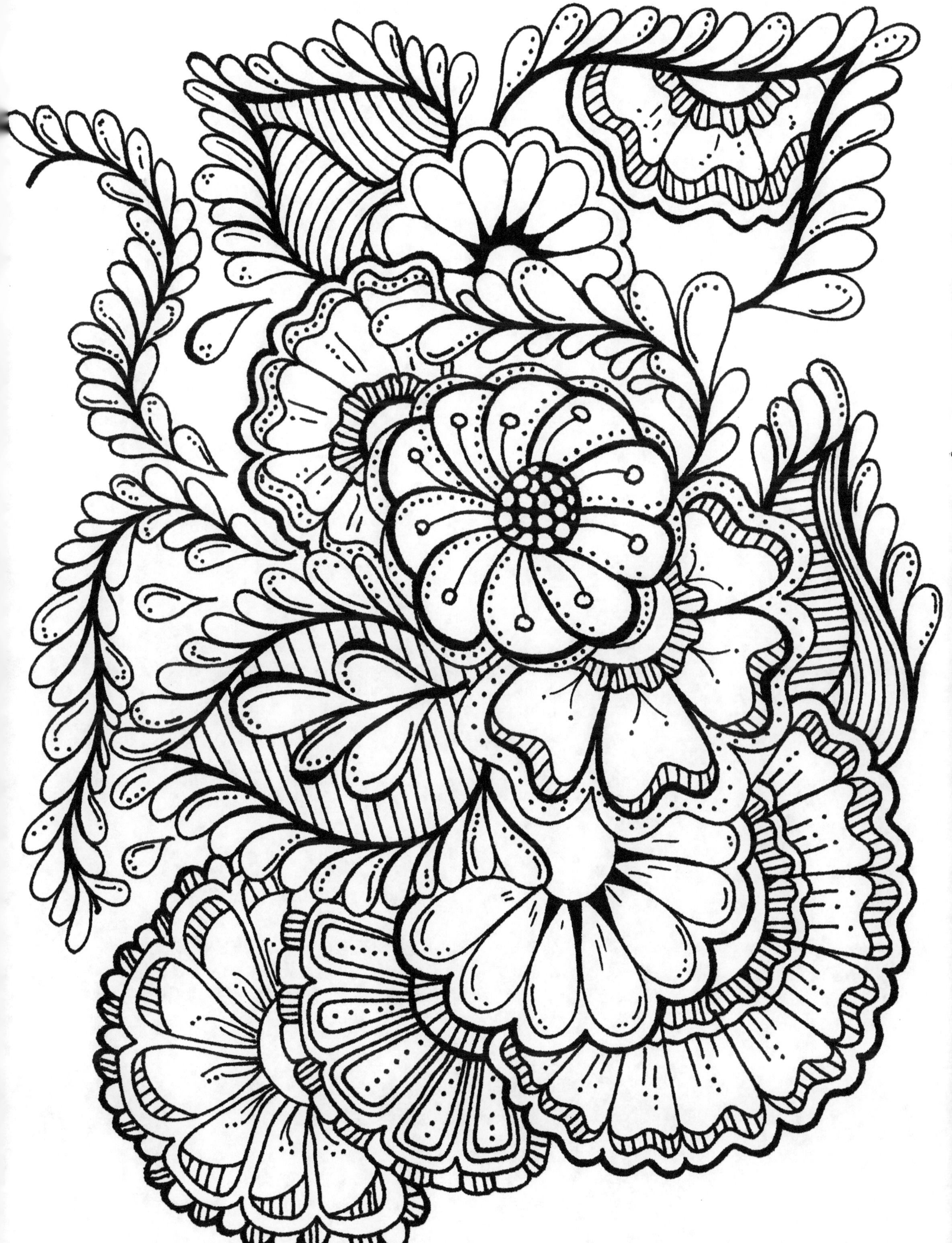

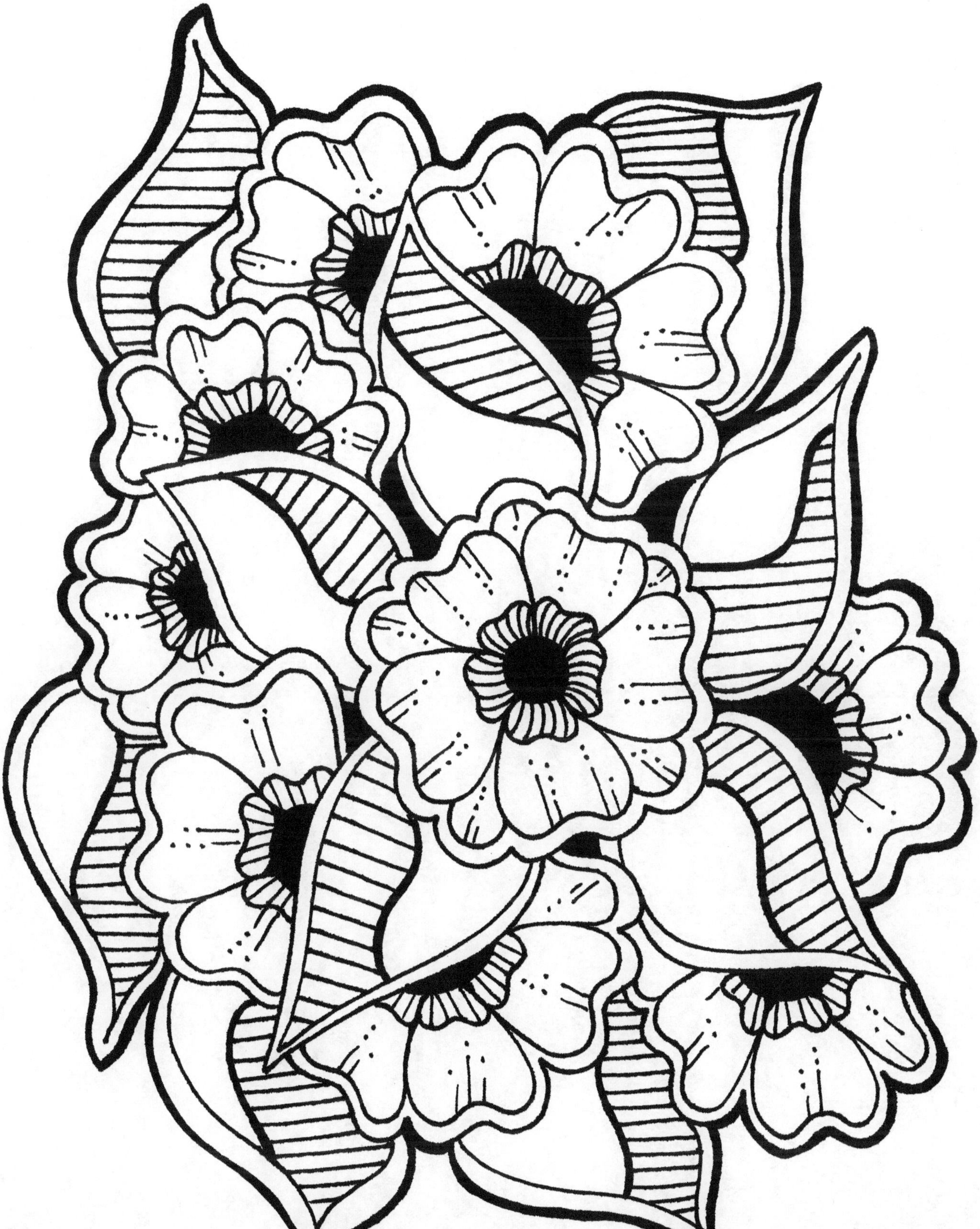

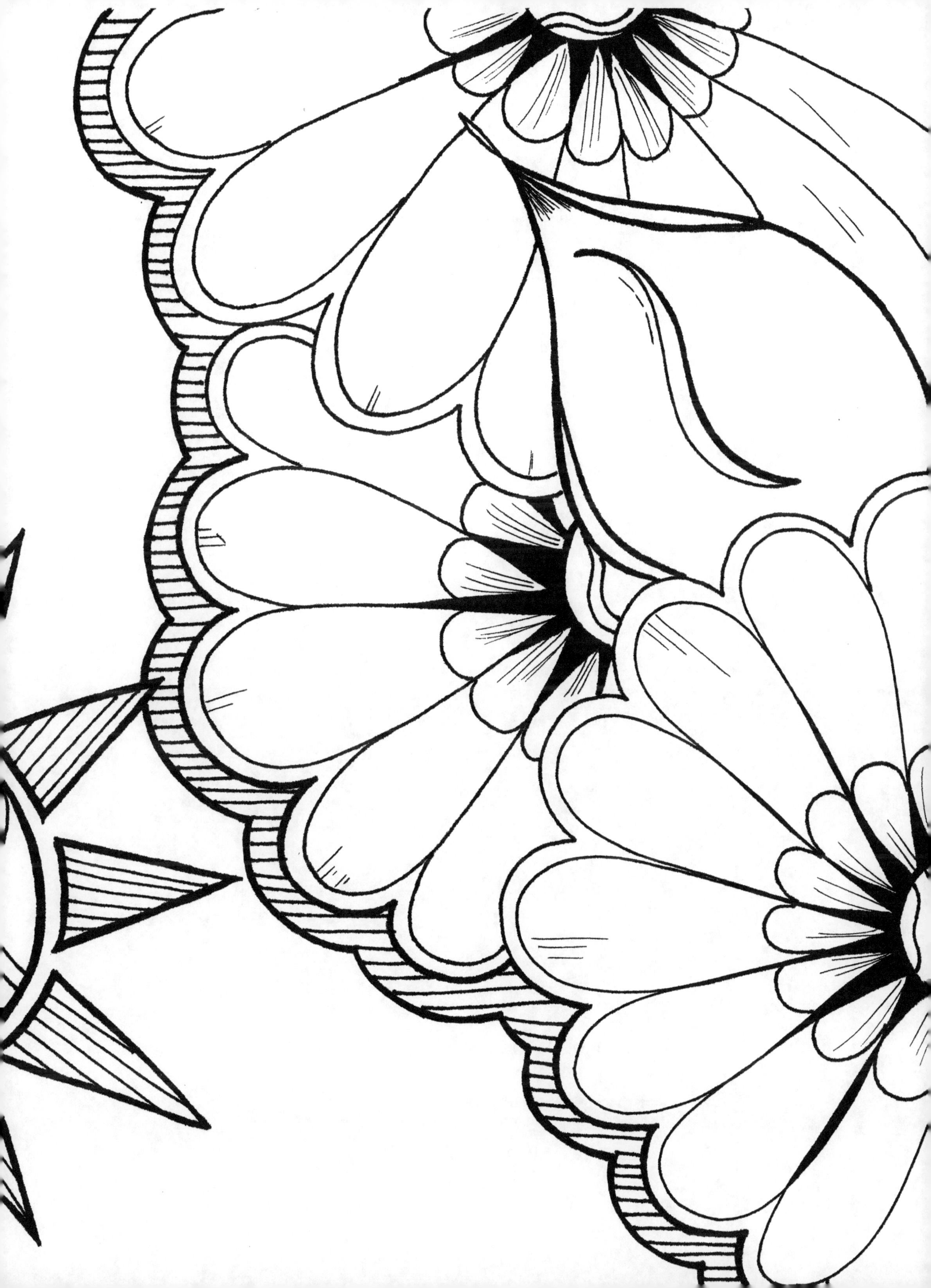

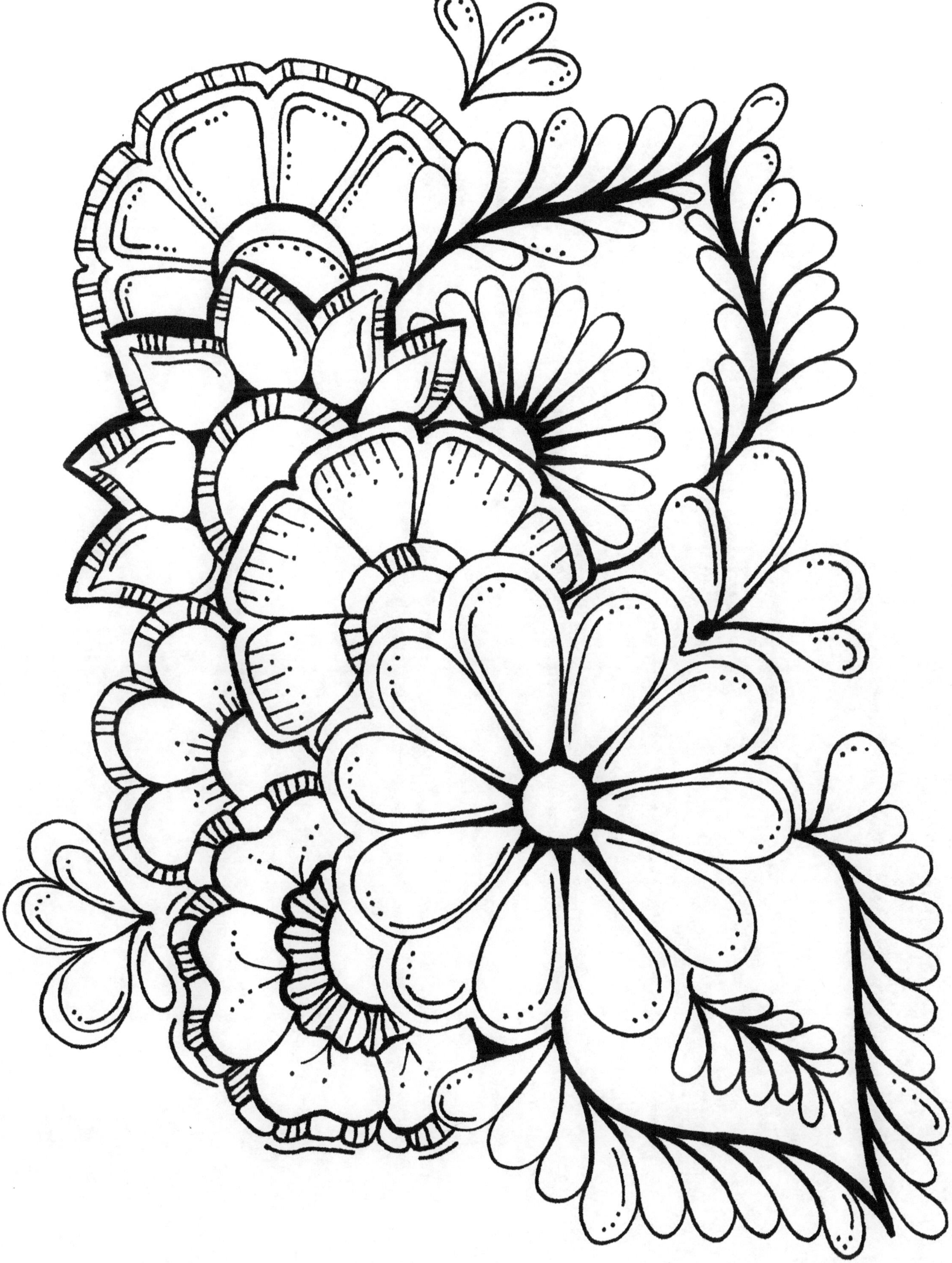

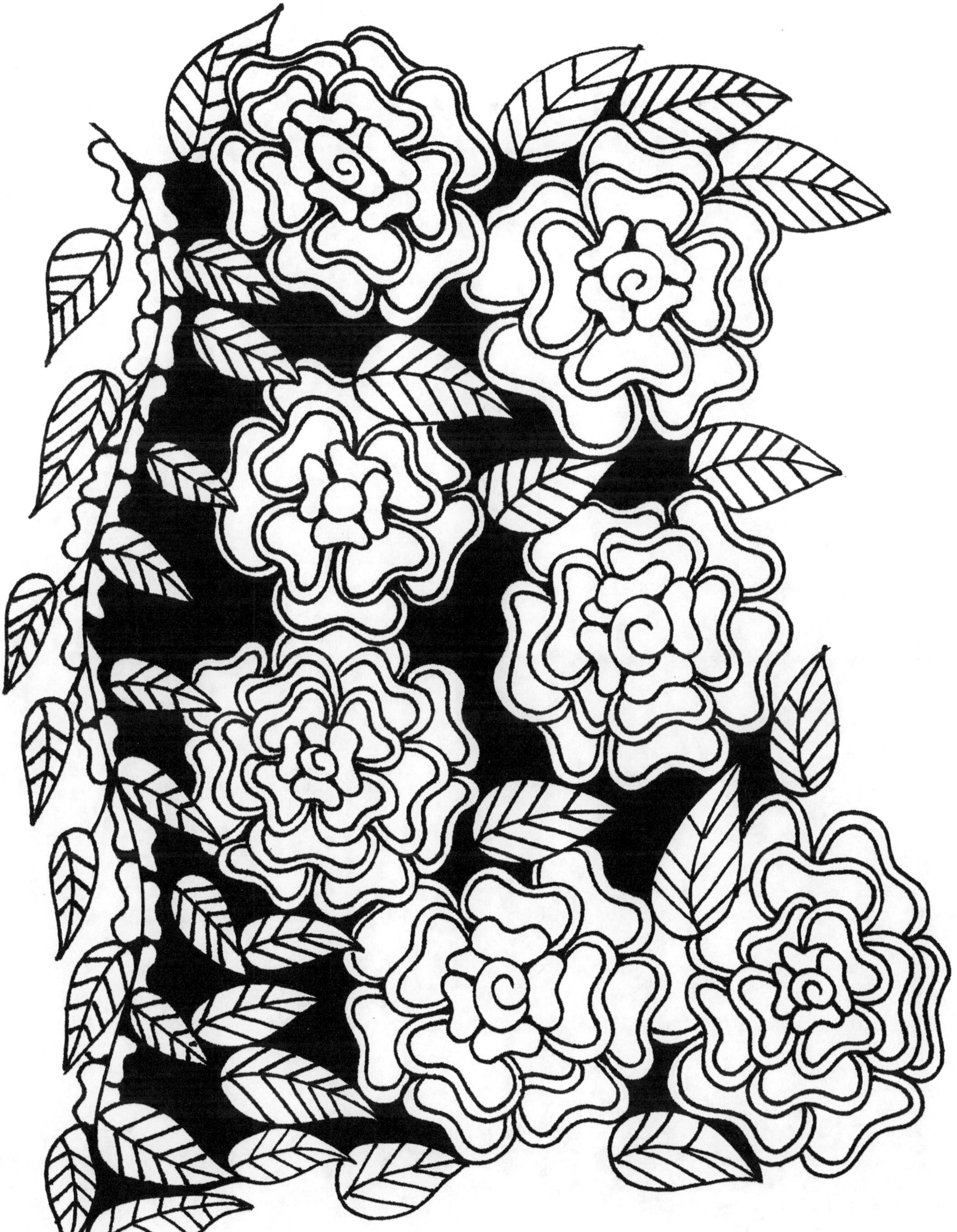

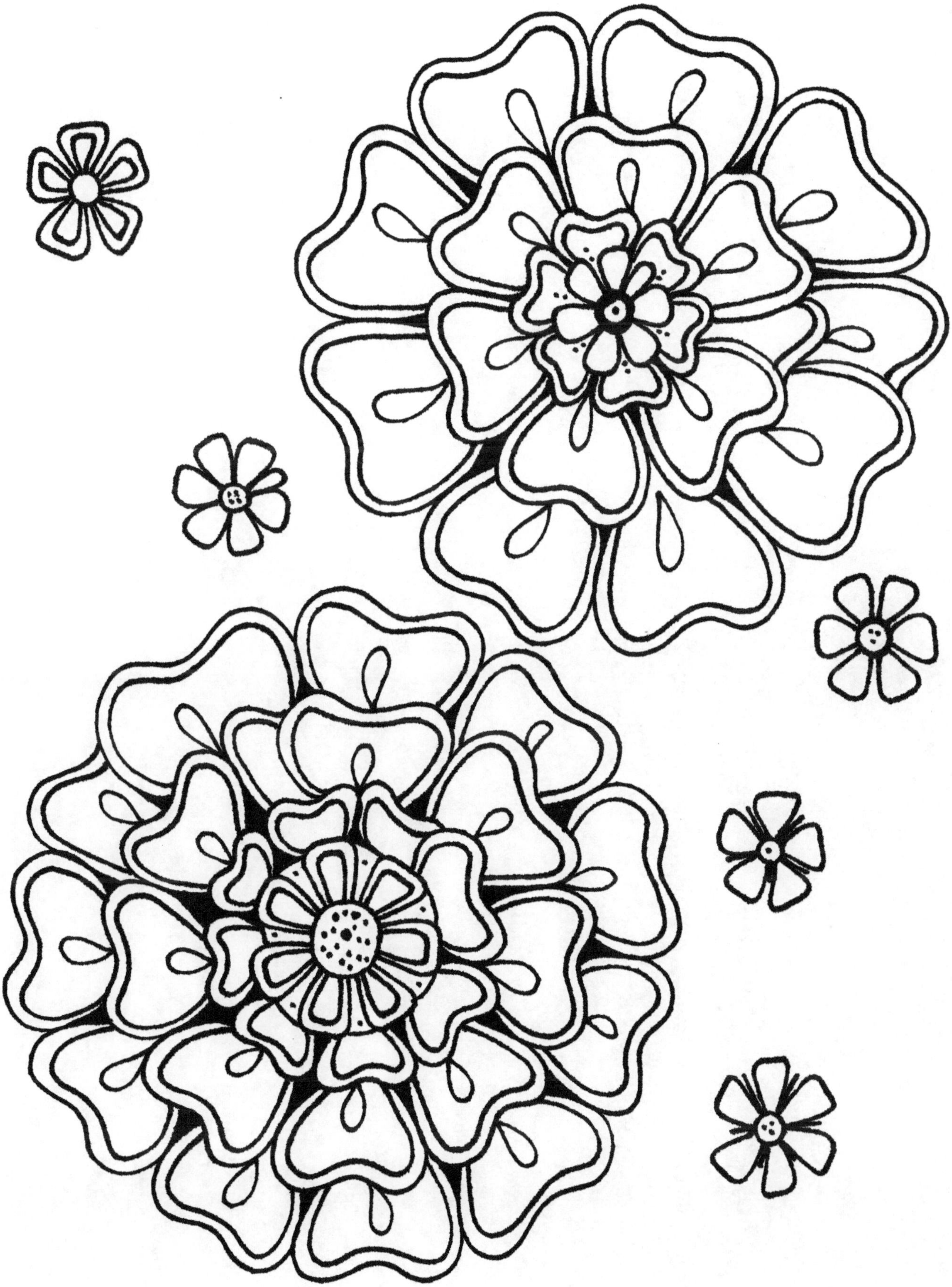

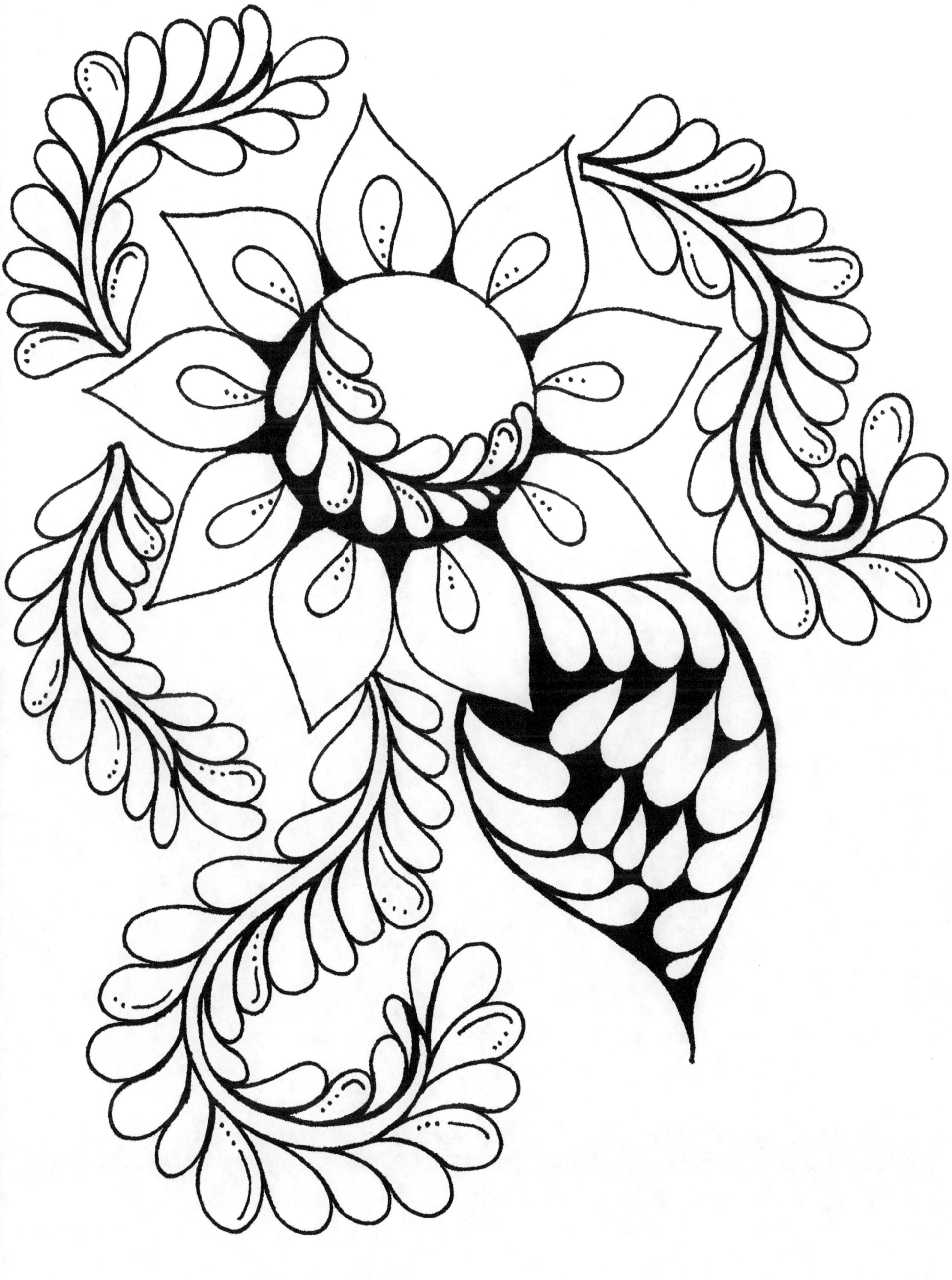

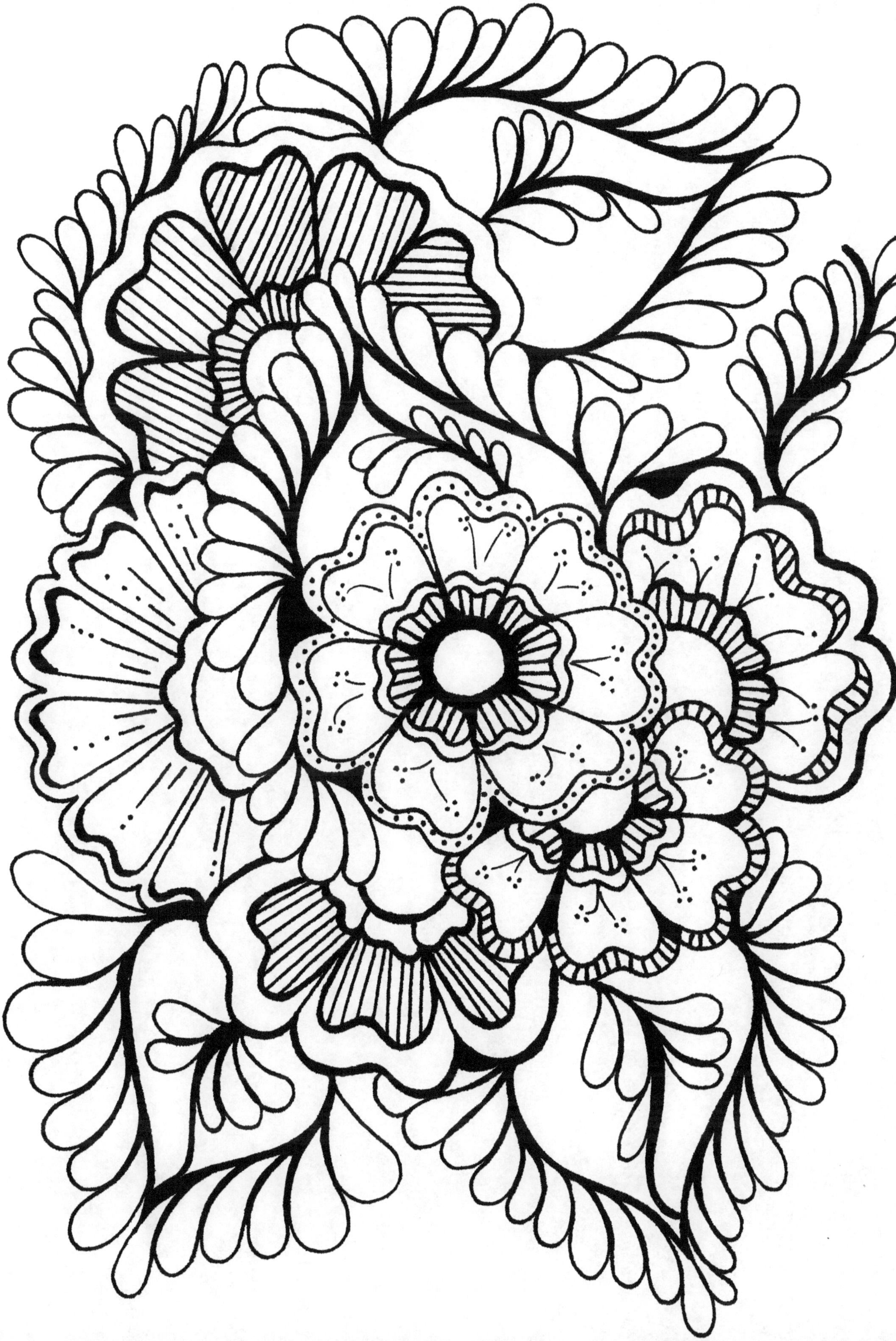

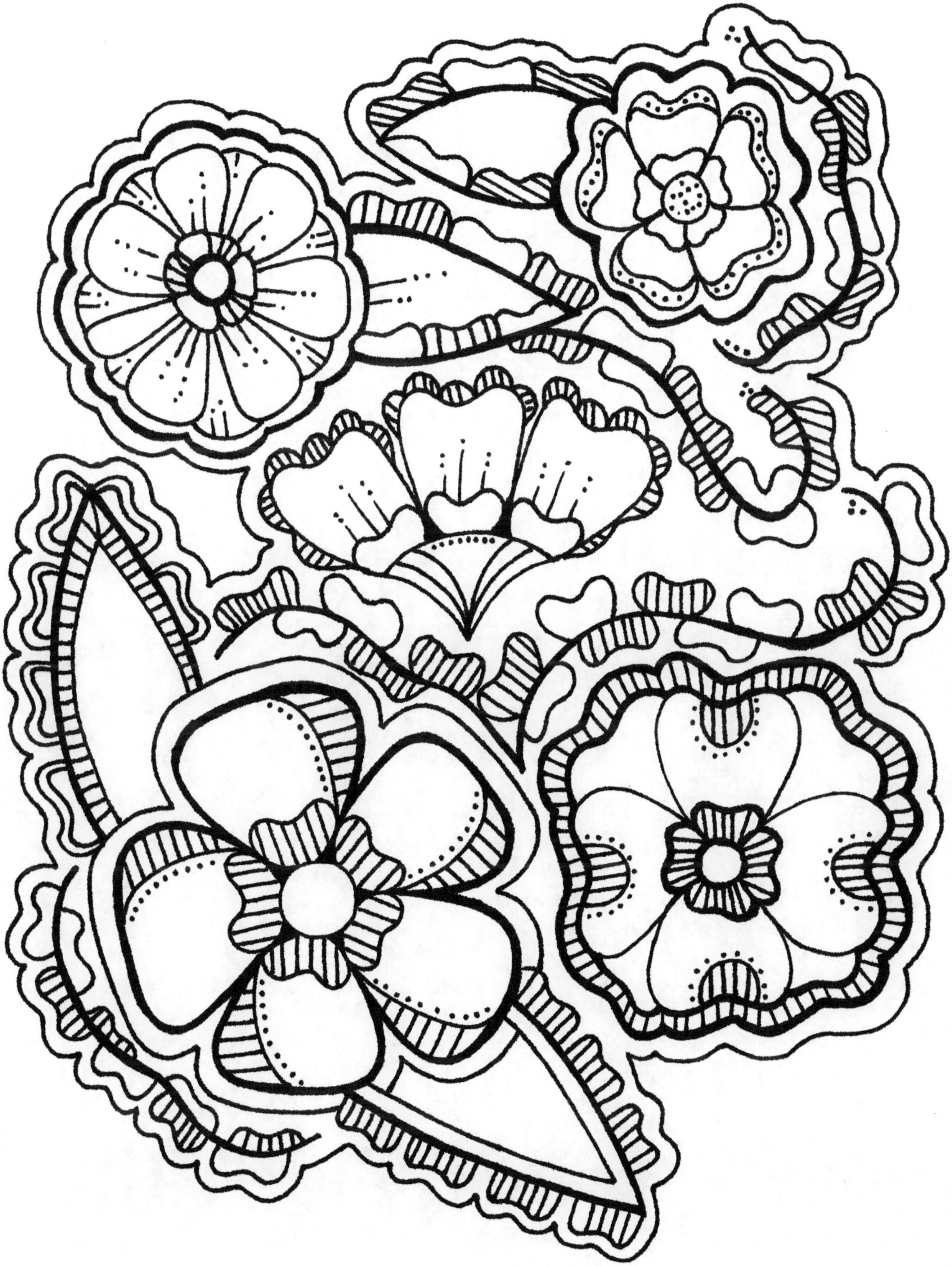

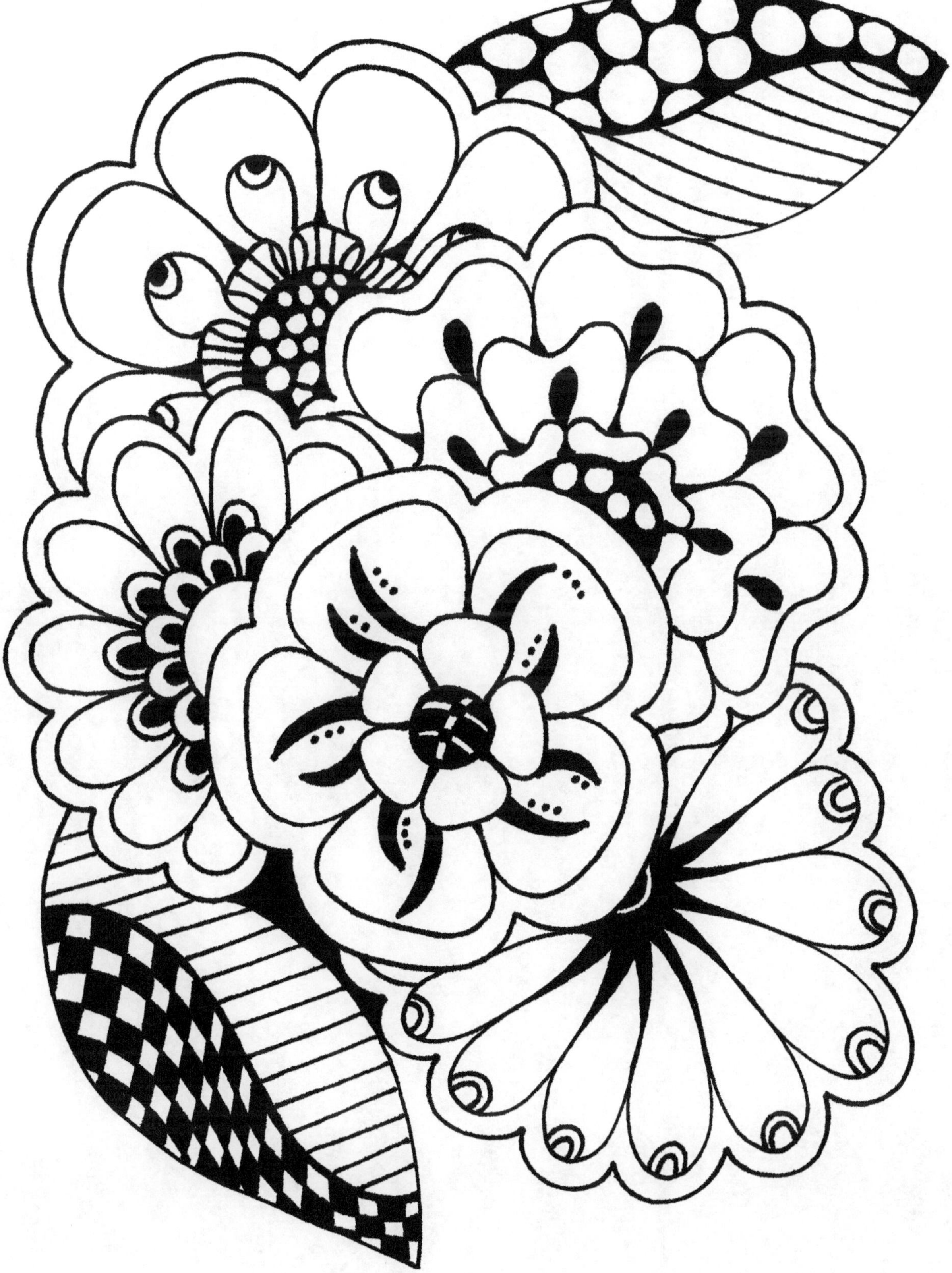

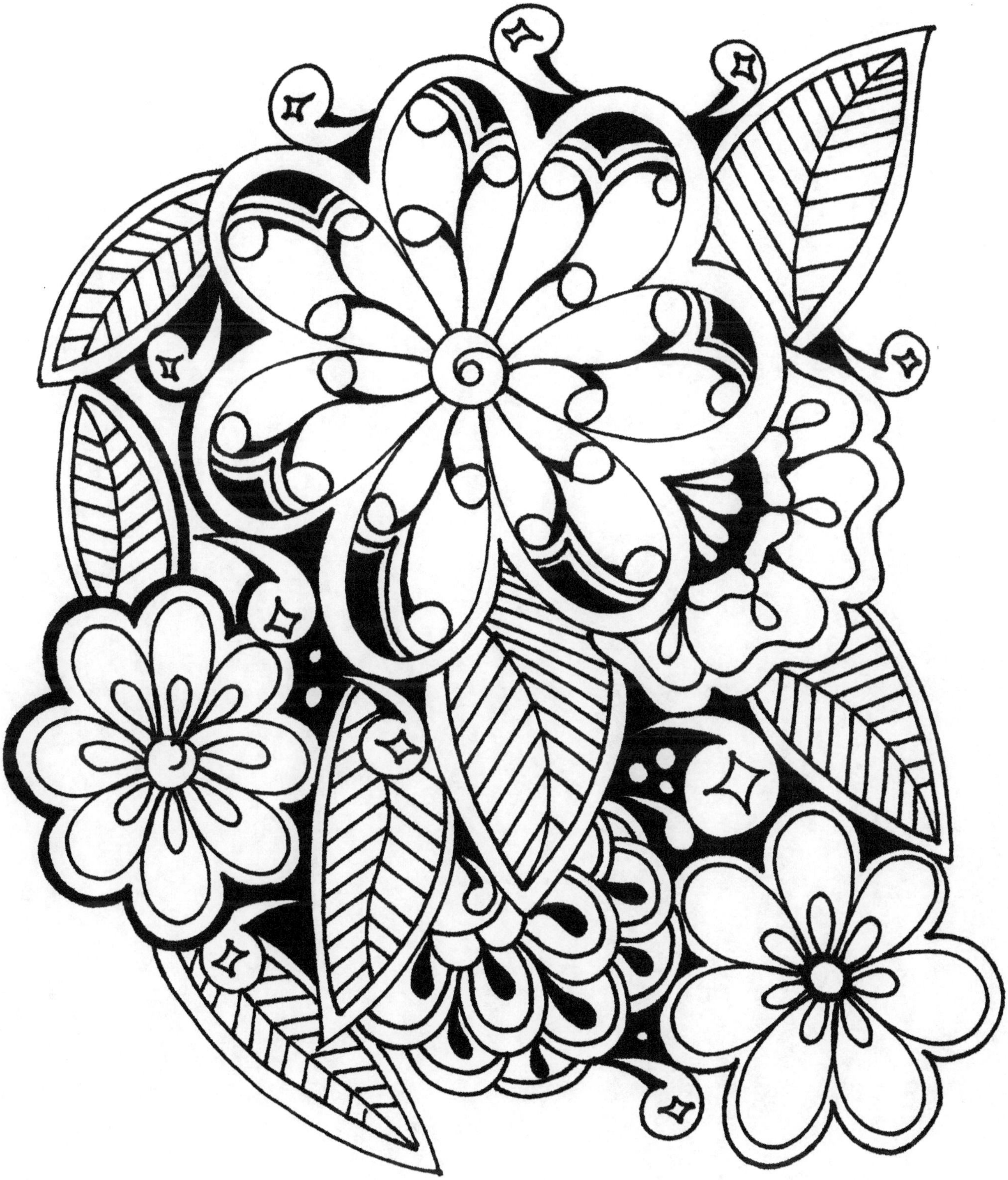

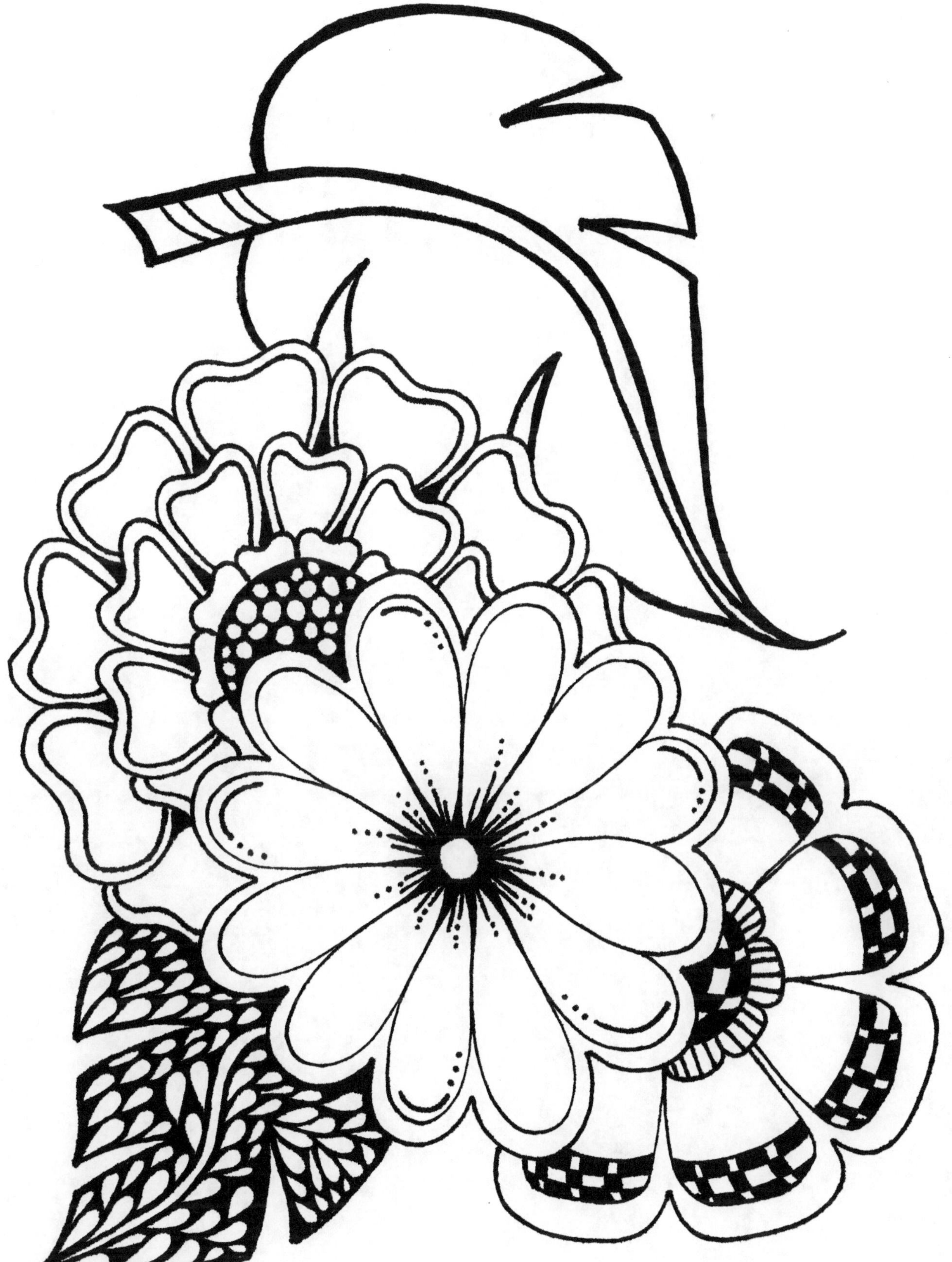

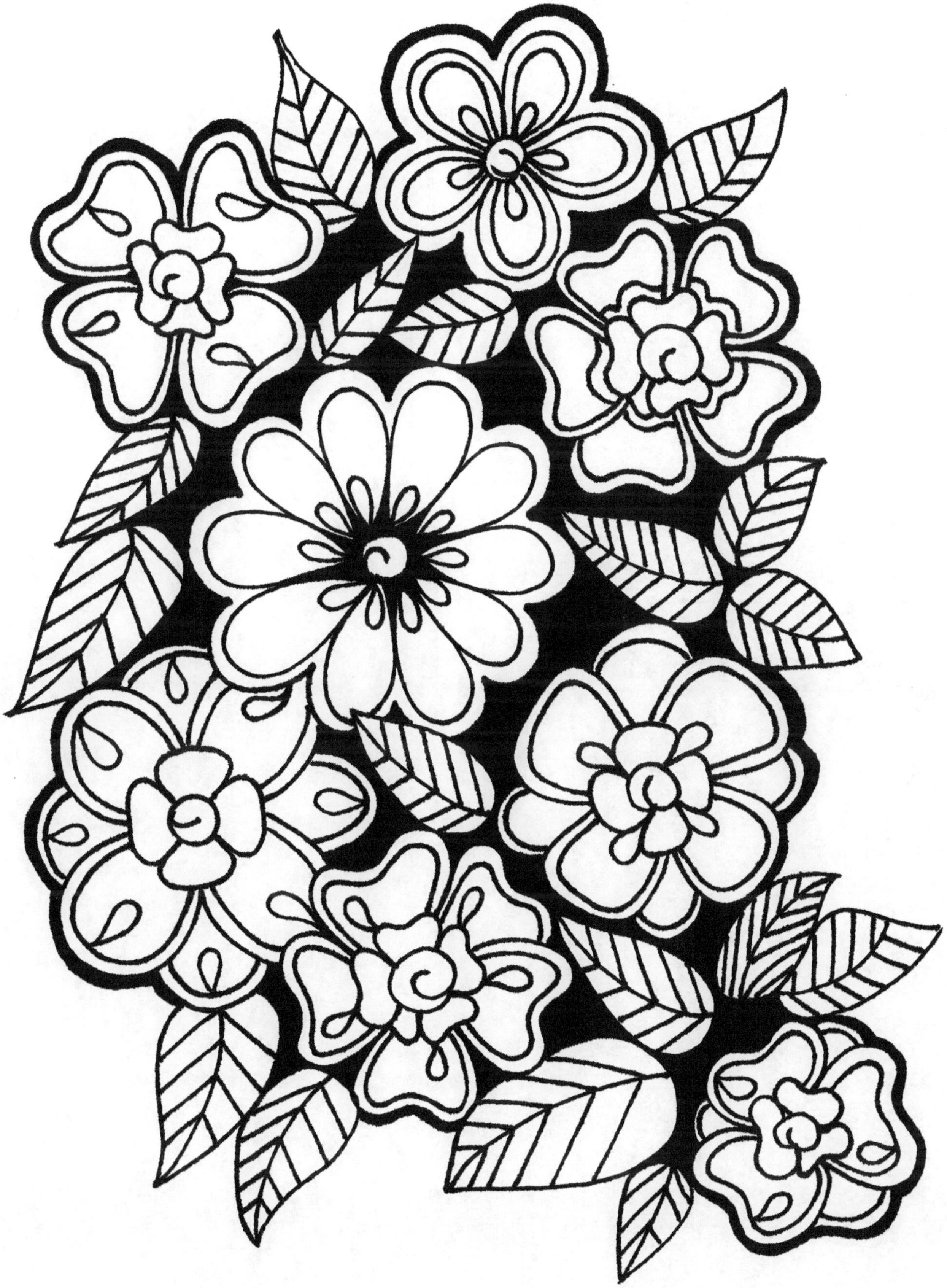

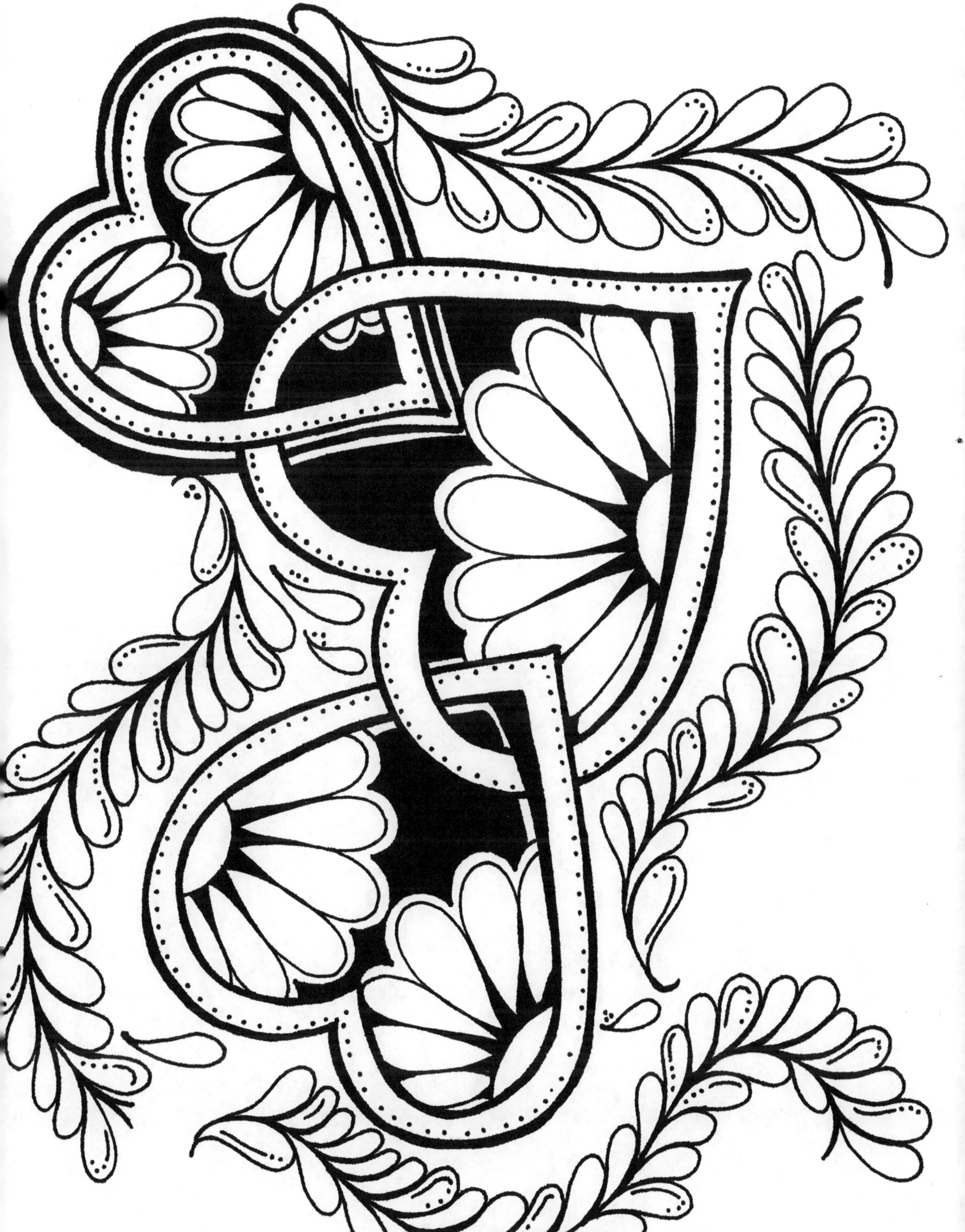

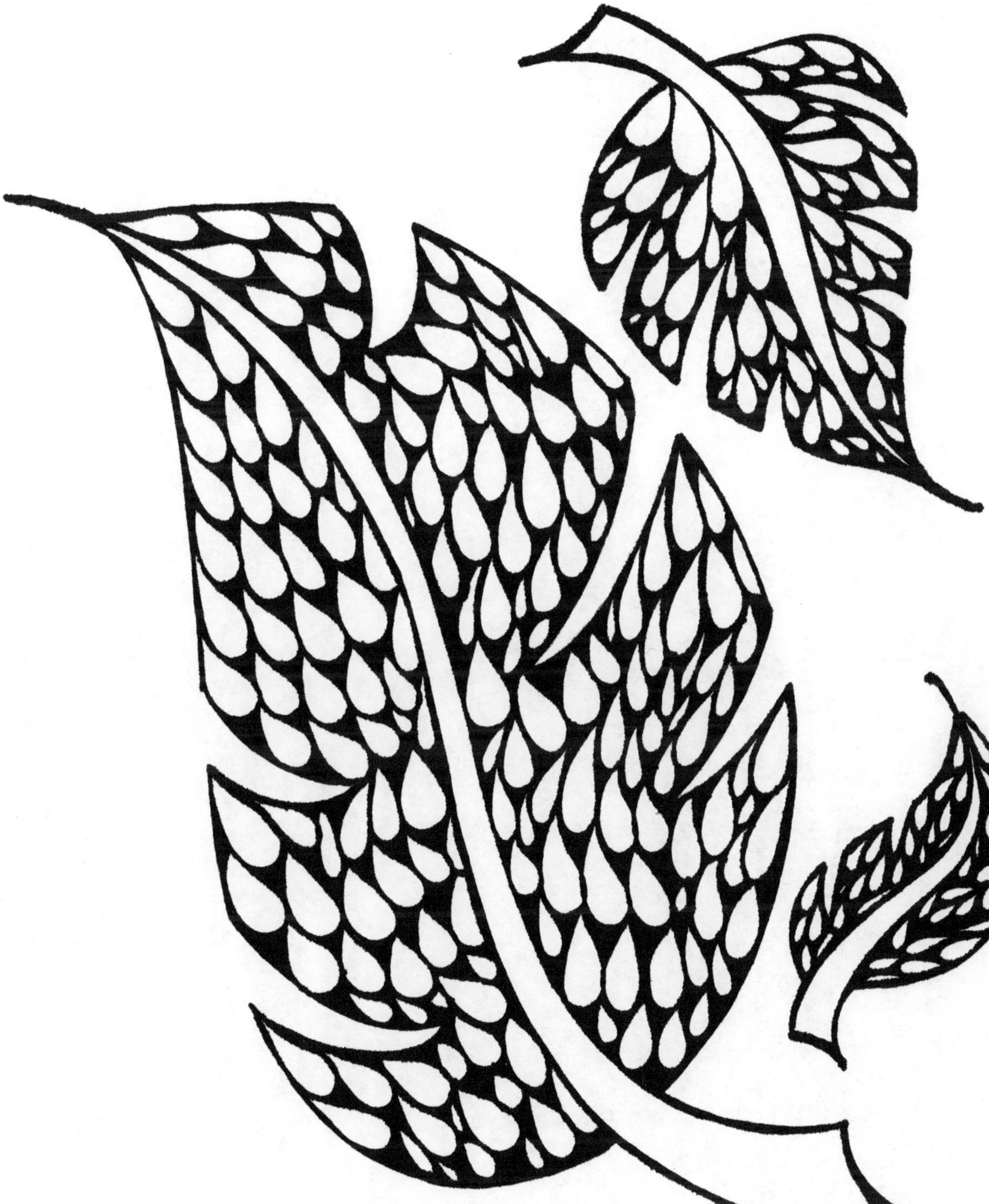

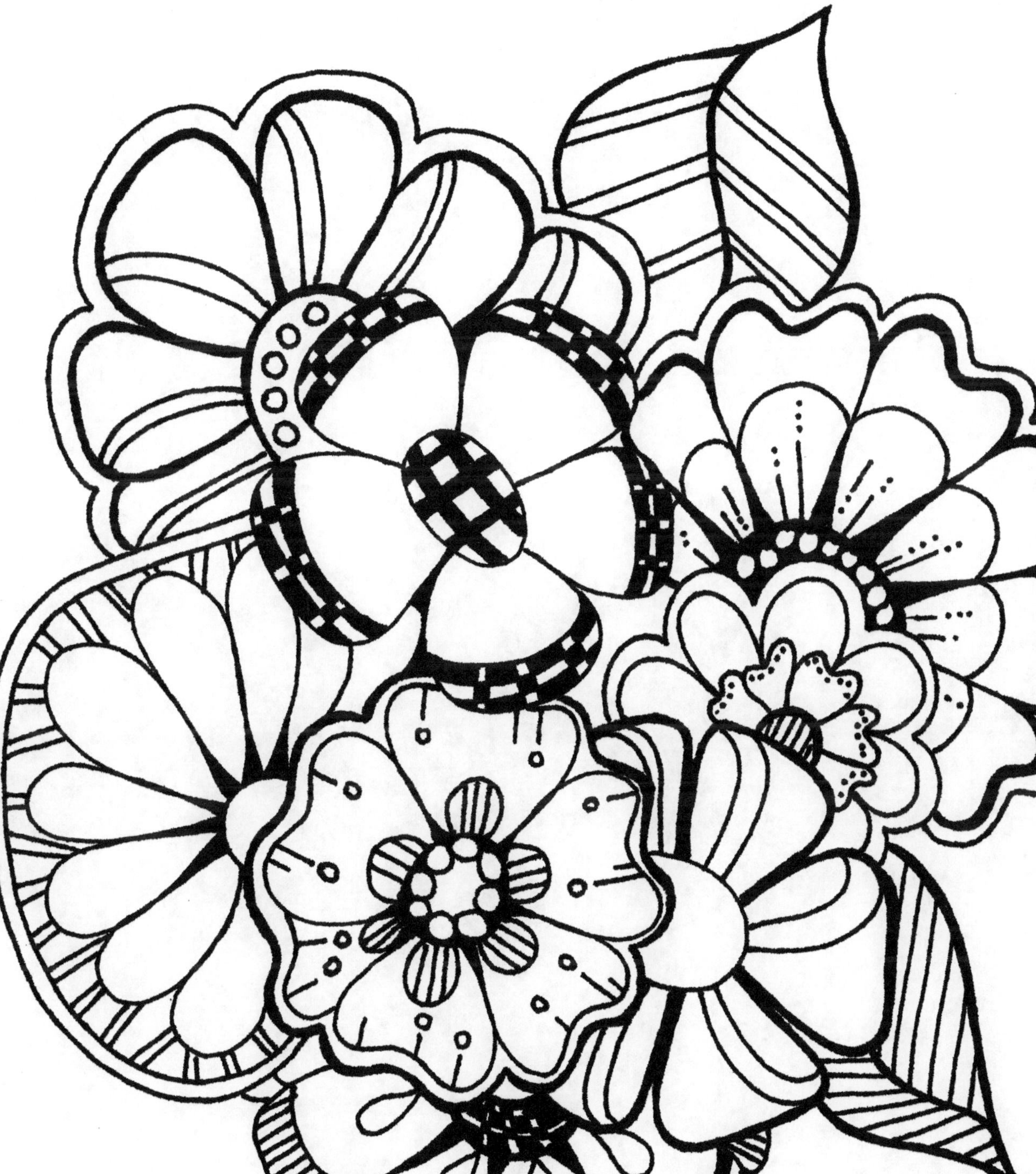

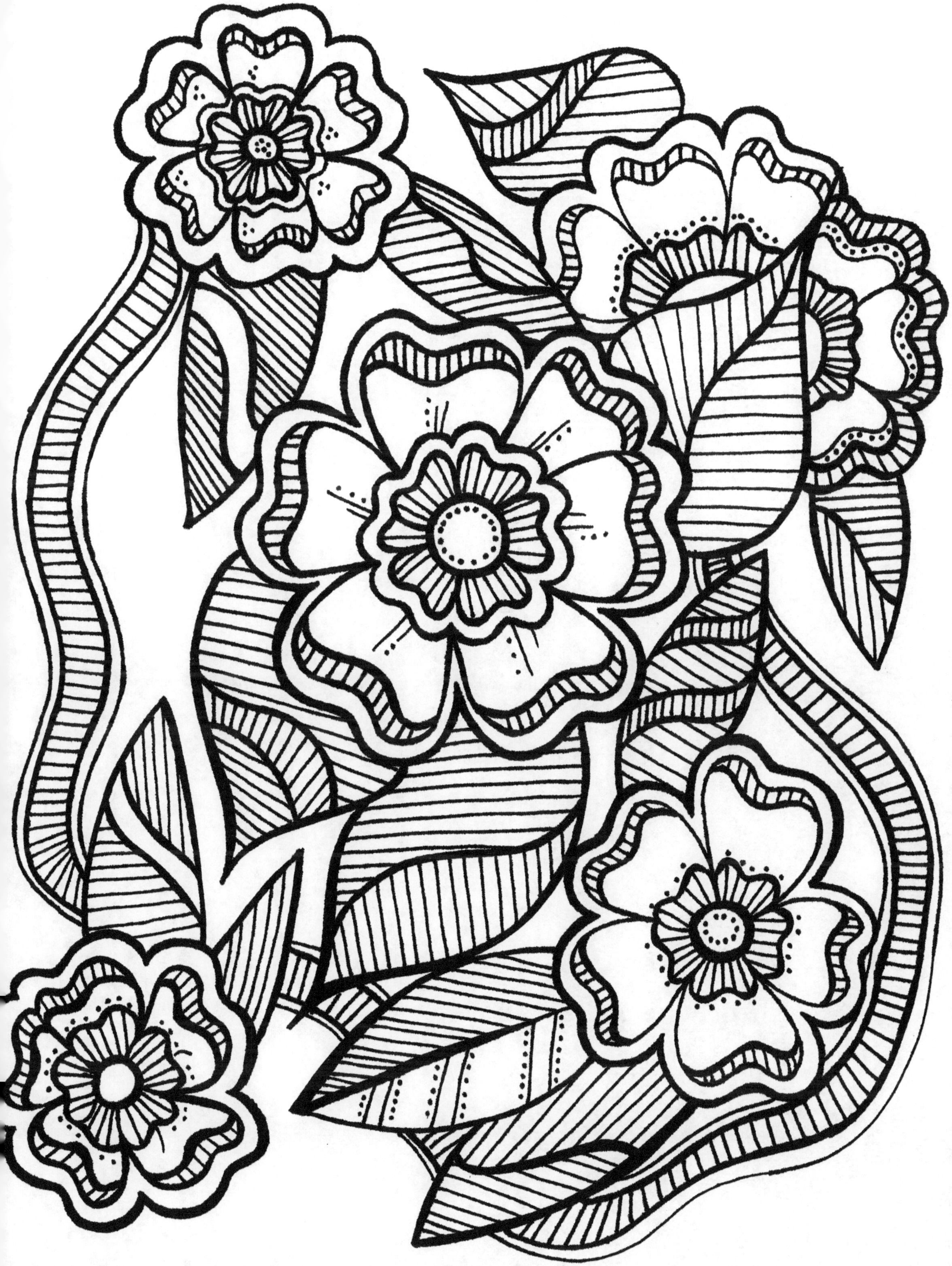

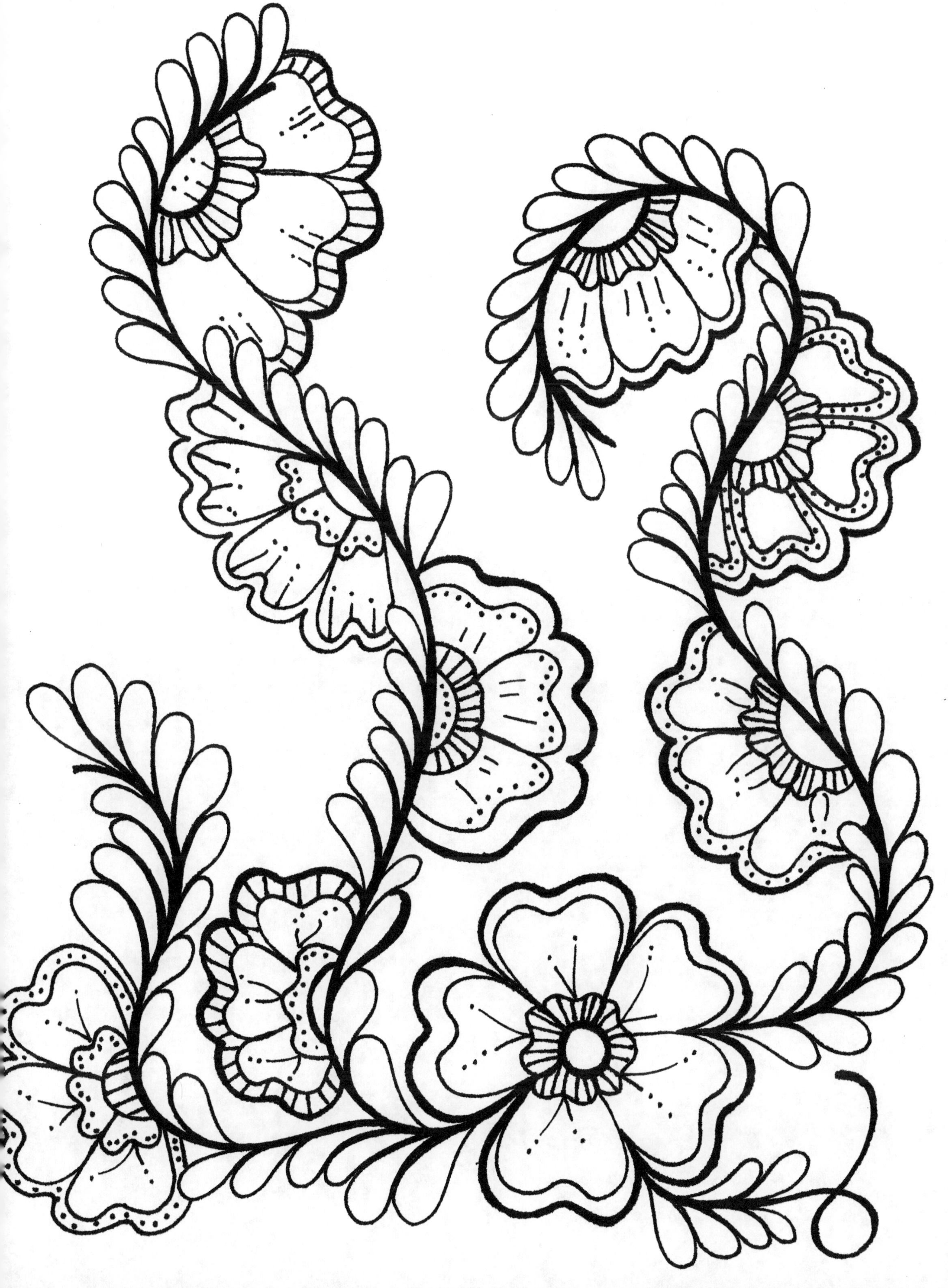

www.ingramcontent.com/pod-product-compliance
Lightning Source LLC
Chambersburg PA
CBHW080642190526
45169CB00009B/3464
* 9 7 8 1 5 3 0 8 8 5 9 2 3 *